El autobús mágico ®

VIAJA AL ESPACIO
Un libro sobre las estrellas

SCHOLASTIC INC.
New York Toronto London Auckland Sydney Mexico City New Delhi Hong Kong

Basado en un episodio de la serie de dibujos animados,
producida para la televisión por Scholastic Productions, Inc.
Inspirado en los libros de *El autobús mágico*
escritos por Joanna Cole e ilustrados por Bruce Degen.

Adaptado de la serie de televisión por Nancy White.
Ilustrado por Art Ruiz.
Guión para la televisión de Noel MacNeal.

Originally published in English as *The Magic School Bus Sees Stars.*

ISBN 0-439-05613-6

12 11 10 9 8 7 6 5 4 3 2 1   9/9 0 1 2/0

Printed in the U.S.A.   24
First Scholastic printing, February 1999

Si alguna vez les toca la señorita Frizzle de maestra, prepárense a vivir momentos muy extraños cada vez que escuchen estas tres palabritas:

"*¡Todos al autobús!*"

Por ejemplo, el día en que Dorothy Ann estuvo enferma y se tuvo que quedar en casa durante su cumpleaños. Tim estaba trabajando en el regalo que le íbamos a hacer: un modelo con un Sol que tocaba "Las Mañanitas" cuando le daban cuerda.

Justo cuando Tim estaba por poner los últimos detalles en el regalo de Dorothy Ann, sonó el teléfono. ¡Era ella! Quería que fuéramos a su casa a ver su nuevo telescopio. Dijimos que iríamos en cuanto la señorita Frizzle volviera de su reunión de maestros. Fue entonces cuando entró. . . ¡la Friz!

¡Buenas tardes, niños!

—Mire, señorita Frizzle —dijo Tim que se moría de ganas de mostrar nuestro modelo musical con el Sol. Fue entonces que ocurrió algo terrible. El modelo se cayó al suelo y se rompió.

¡Oh, no! ¡EL REGALO....!!!!

—Ya no queda tiempo para hacer otro —dijo Wanda—. ¿Qué vamos a hacer?
Como respondiendo a la pregunta de Wanda, la televisión se encendió. Estaba en uno de esos canales donde venden cosas, y un tipo muy raro que se llamaba Horace Cope estaba diciendo que uno verdaderamente podía comprarse una estrella ¡por sólo siete dólares, y que sólo quedaban tres!

¡Compre una estrella hoy y póngale el nombre que quiera!

¡Compremos una para Dorothy Ann!

¡Y llamémosla Dorothy Ann!

Estábamos sacando nuestros billetes de un dólar, cuando Keesha gritó:
—¡Un momento! Yo no voy a gastar mi dinero en algo que no he visto por mí misma!

—Keesha tiene razón —dijo la Friz—. No podemos comprar una estrella que no hemos visto antes. Fue entonces cuando dijo las famosas palabritas.

¡Todos al autobús!

Vamos a comprar estrellas.

¿Al Centro Comercial?

En mi otra escuela, nos regalaban lápices en nuestro cumpleaños.

Nos subimos todos al autobús, ¿o debería decir al autobús mágico espacial?

¡Si a las estrellas queremos llegar, por Marte debemos pasar!

Cuando miramos hacia abajo, no podiámos creer lo que veíamos: ¡La Tierra entera! Al principio parecía enorme, pero a medida que nos alejábamos se fue haciendo cada vez más pequeña. Lo mismo ocurrió con la Luna. Luego ya no pudimos ver la Tierra, ni la Luna y el Sol se volvió, bueno. . . una estrella chiquitita.

Fue entonces que la señorita Frizzle nos dijo algo muy asombroso:

—¡Nuestro Sol es en realidad una estrella! Sólo parece más grande que las otras estrellas porque está más cerca de la Tierra.

Pronto nos encontramos viajando por el espacio. ¡La vista era fantástica!

—¡Eh! Miren esas estrellitas tan chiquititas —dijo Phoebe—. Me pregunto si se volverán más grandes cuando nos acerquemos, como ocurrió con la Luna y la Tierra.

—Espero que sí —dijo Keesha—. Tenemos que saber diferenciarlas.

Muchas de esas estrellas son tan grandes como nuestro Sol.

¡Quizás una de ellas sea nuestro Sol!

Prendimos la televisión espacial del autobús y ¿adivinen quién estaba? ¡El famoso vendedor estelar, Horace Cope!

—Ustedes se preguntarán ¿cómo vamos a hacer para elegir una estrella, si todas se parecen? —decía—. Pues bien, en realidad hay muchos tipos de estrellas. Por ejemplo —continuó diciendo—, miren ésta recién nacida. ¡Apenas tiene dos millones de años! ¡Créanme, para una estrella eso es como estar en pañales!

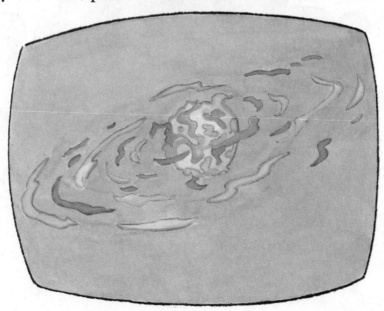

—Si quieren verla ustedes mismos —dijo Horace—, tendrán que viajar a una velocidad de 500 millones de millas por hora y aún así tardarían 80 años en llegar.

Prendimos la televisión espacial del autobús y ¿adivinen quién estaba? ¡El famoso vendedor estelar, Horace Cope!

—Ustedes se preguntarán ¿cómo vamos a hacer para elegir una estrella, si todas se parecen? —decía—. Pues bien, en realidad hay muchos tipos de estrellas. Por ejemplo —continuó diciendo—, miren ésta recién nacida. ¡Apenas tiene dos millones de años! ¡Créanme, para una estrella eso es como estar en pañales!

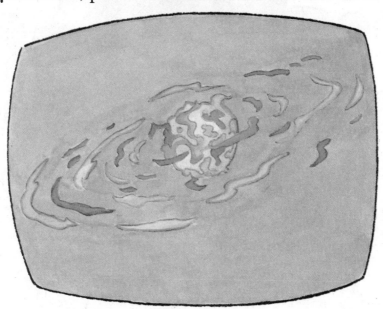

—Si quieren verla ustedes mismos —dijo Horace—, tendrán que viajar a una velocidad de 500 millones de millas por hora y aún así tardarían 80 años en llegar.

La señorita Frizzle apretó el acelerador y pasamos zumbando por el espacio. Quizá Horace Cope tarde 80 años en llegar a nuestra estrellita, pero él no tiene a la Friz de maestra, ni tiene el autobús espacial mágico.

Mientras nos aproximábamos a una hermosa y turbulenta nube, la señorita Frizzle dijo: —Hmmm... Esa joven estrellita debe estar por aquí, pero es difícil ver con tanto polvo y gas.

—¿Polvo y gas? —dijo Keesha—. ¿De eso están hechas estas extrañas nubes?

—No es lugar para un bebé —dijo Phoebe preocupada. Pero la señorita Frizzle nos dijo:

—Al contrario, niños, ¡es el mejor lugar del mundo para un bebé!

¡Es una estrella bebé!

¡Un momento! Esta NO es una estrella feliz.

—¡Eh! —gritó Wanda—. ¡Allí está la estrella bebé!

—¡Vaya bebé! —dijo Arnold.

—En realidad es de las más chicas —nos informó la señorita Frizzle—. Es sólo la mitad de nuestro Sol.

Tim estaba dispuesto a comprarla.

—Llamemos a Horace Cope y comprémosla para Dorothy Ann.

Pero Keesha no estaba tan segura.

Phoebe estuvo de acuerdo con Keesha.

—Pobrecita —dijo—. Parece que tiene gases.

—¡Bien dicho Phoebe! Todas las estrellas tienen gases —explicó la señorita Frizzle—. ¡De eso están hechas! Pero esta estrella tan jovencita no ha terminado de formarse. Es un poco turbulenta.

Ahora Keesha *estaba* segura: —¡De ninguna manera! —dijo—. No gastaré un centavo en esta estrella. Es demasiado joven y turbulenta. Quiero algo más grande y más brillante, sin todo ese polvo alrededor. Una estrella en la que podamos confiar, como nuestro Sol.

¡Quiero una estrella con uno o dos planetas!

Mientras tanto, Horace Cope parecía escuchar en el viejo televisor cada palabra que decíamos.

—¡Es muy fácil! —dijo—. ¡Recuerden, sólo quedan dos estrellas! Y una de ellas tiene cinco mil millones de años. ¡Una estrella adulta! ¡Que está en el mejor momento de su vida! ¡Y los planetas van de regalo!

Créanme. ¡Esta estrella es sensacional!

La estrella adulta parecía perfecta. Pero el autobús espacial
nos informó que estaba a cien millones de millones de millas.
(En caso de que no lo sepan, ¡eso es: 100.000.000.000.000!)

¡Para la Friz eso no era ningún problema!

—Todo el mundo a sus asientos y abróchense los cinturones
—dijo. Y mientras nos lanzaba a toda velocidad, en sus ojos
apareció ese extraño brillo que ya le conocíamos.

¡Lejos debemos viajar,
para a esa estrella llegar!

El autobús mágico disminuyó la velocidad y pudimos ver la estrella.
—¡Ahí está, Keesha! —dijo Tim—. Justo la estrella que queríamos.
Pero Keesha todavía no estaba convencida: —No está mal —dijo—,
pero quiero estar segura de que es diferente de la estrella joven.

Por supuesto, a la Friz le pareció una idea fantástica.

Acerquémonos a ver.

Para ver más de cerca a nuestra estrella, entramos en un transbordador estelar especial. Por suerte, venía equipado con gafas de sol —¿o debería decir gafas estelares?

Nos quedamos esperando la opinión de Keesha, y finalmente cuando habló, dijo:

—El color me gusta más —dijo—, parece más tranquila y no está rodeada de nubes de polvo. Además puedo ver por lo menos dos planetas. ¡Esta estrella se parece mucho a nuestro Sol!

¡Comprémosla!

Todo el mundo estaba entusiasmado. . . hasta que volvimos al autobús espacial y escuchamos la voz de Horace en la televisión.

¡Vendida!

—¡Pero si no he llamado todavía! —dijo Keesha.
—Parece que alguien lo hizo —dijo Arnold.
Nos sentimos bastante mal hasta que Carlos nos hizo recordar.
—Todavía queda una estrella.

¡Chicos, no se den por vencidos!

Nos quedamos con los ojos pegados a la televisión. Era nuestra última oportunidad de comprarle una estrella a Dorothy Ann por su cumpleaños.

—Así es amigos —decía Horace—, sólo queda una estrella, y he reservado la mejor para el final, ¡una verdadera estrella roja supergigante! ¡Tiene veinte millones de años y es cien veces más grande que el Sol. Le rebajaremos cincuenta centavos al que la compre dentro de un minuto.

¡Esperamos su llamado!

¡No tan rápido!

Como se podrán imaginar, con la Friz al volante llegamos a la supergigante roja en un abrir y cerrar de ojos (¡por algo se llama mágico nuestro autobús!). Keesha miró por la ventana.

—Es la estrella más grande que hemos visto hasta ahora. Y me gusta el color —dijo—. No tiene planetas, pero tampoco tiene nubes de polvo. Además no es traviesa como un bebé.

Tim llamó por teléfono y ordenó la estrella roja supergigante.

—¡Lo logramos! ¡Hemos comprado para Dorothy Ann la estrella más grande y más brillante!

Ralphie parecía preocupado: —¡Un momento! —dijo—. Si es tan grande, ¿por qué es tan barata?

—Sí —dijo Wanda—, Horace Cope parecía tener mucha prisa en vender la supergigante.

—¿Crees que tenga algún problema? —preguntó Keesha—. Yo no le veo ninguno.

—Como decía mi amiga la bibliotecaria —dijo la señorita Frizzle—, no se puede juzgar un libro por la tapa. Echemos una mirada adentro con el Supermirador.

En la pantalla del Supermirador podíamos ver el interior
de nuestra estrella. Y esto es lo que vimos:

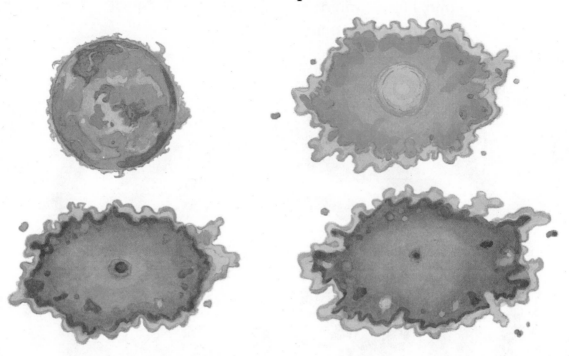

—¿Me equivoco —dijo Ralphie—, o el interior de nuestra
estrella se está achicando?

No se está achicando, Ralphie.
Se está desintegrando.

—Qué importa lo que pasa por dentro
—dijo Tim—, mientras se vea bien por fuera.
Justo en ese momento. . .

¡Después de tanto esfuerzo, la hermosa
estrella de Dorothy Ann explotó en mil pedazos!

—¿Qué pasó, por qué explotó? —preguntó Keesha—. Se veía tan bien desde afuera. Era la estrella más grande y más brillante. . .

—Sí —la interrumpió Pheobe—, pero tenía veinte millones de años.

—¡Qué observación más estelar, Phoebe! —dijo la señorita Frizzle —. Las estrellas se hacen viejas y mueren. Algunas desaparecen con un gran BANG. Se llaman supernovas.

—Super lío, dirá —dijo Carlos—. Lo único que queda de la estrella de Dorothy Ann es una gran nube de polvo y de gas.

—Un momento —dijo Keesha—. Esto se parece mucho al lugar donde encontramos la estrella bebé. ¡Apuesto a que está por nacer otra estrella!

—¡Así es! —dijo Phoebe—. ¡Las estrellas están hechas de gases calientes comprimidos en una pelota!
Ahora entendíamos todo.

Los gases están tan comprimidos y tan calientes. . .

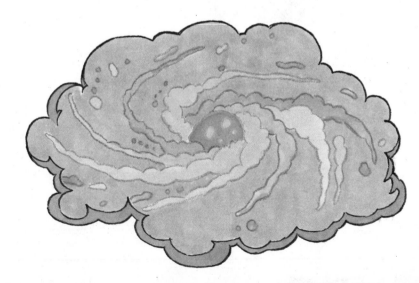

. . . que pueden hacer brillar una nueva estrella.

—Todo eso es muy interesante, pero aún necesitamos un regalo para Dorothy Ann —nos recordó Wanda—. Es una lástima que no podamos juntar todo ese gas y polvo y comprimirlo para hacer una estrella para Dorothy Ann.

—¿Quién dijo que no se puede? —dijo la señorita Frizzle—. Tardaríamos cerca de un millón de años en hacerla, pero con el autobús mágico, podemos hacer que eso ocurra ahora mismo.

Gracias al autobús mágico, en un tris brilló en el cielo una nueva estrella llamada Dorothy Ann. ¡Habíamos logrado nuestro objetivo!

Cuando llegamos a su casa, Dorothy Ann estaba mirando a través del telescopio que le habían regalado.

—¡Llegan justo a tiempo para ver una nueva estrella en el cielo! —dijo.

—En realidad —dijo Keesha—, ese es el regalo de cumpleaños que el autobús mágico hizo para ti. La llamamos Dorothy Ann en tu honor.

—¿Pero, no entiendo? ¿Cómo? —preguntó Dorothy Ann confusa por primera vez.

—Es una historia muy larga —dijo la señorita Frizzle—. Una historia llena de polvo y gas, de calor y. . .

—¡Feliz cumpleaños, Dorothy Ann! —gritamos todos al mismo tiempo.

¡A nuestra amiga estelar!

¡A Dorothy Ann nuestra super estrella!

¡Que lo cumplas super. . . nova!

Cartas de nuestros lectores

Querida editora:

¡Nos está tomando el pelo! Nadie puede ir a visitar las estrellas. Y aun cuando pudiéramos, ¿cuánto tiempo tardaríamos?

Su amiga.
Poli Zon

Querida Poli:

¡Tienes razón! Las estrellas están muy lejos y no se las puede alcanzar con las naves espaciales de hoy. Si hiciéramos el viaje, tardaríamos toda una vida en ir y volver. A menos que viajes más rápido que la luz —y eso es imposible.

La editora

Querida editora:

Estoy muy preocupado. ¿Recuerda cuando dijo que el Sol era una estrella? ¿Y cómo se morían las estrellas? ¿Podría eso ocurrir también con nuestro Sol?

Firmado,
Pavor a la Oscuridad

Querido Pavor:

Así es, un día nuestro Sol se extinguirá, pero eso no ocurrirá por mucho tiempo. Viene brillando desde hace más de cuatro mil millones de años y todavía le quedan otros cuatro o cinco mil millones más. ¡Tranquilízate!

La editora

Figuras en el cielo:
Una actividad para padres y niños

Desde tiempos antiguos, la gente ha visto figuras en los diferentes grupos de estrellas. Esos grupos de estrellas se llaman *constelaciones*.

Seguramente has escuchado hablar de una constelación llamada Osa Mayor. Esta constelación contiene un grupo de estrellas, y si trazas una línea entre ellas verás que tiene la forma de una cacerola con mango. Las dos estrellas que están al frente de la cacerola apuntan a la Estrella Polar que está en el mango de otra cacerola más pequeña que forma la Osa Menor.

En la mitología griega, la Osa Mayor era una hermosa ninfa llamada Calisto y su hijo Arcas, era la Osa Menor. Zeus, rey de los dioses amaba a Calisto, y la transformó en una osa para salvarla de la furia de su esposa. Sin saber que la osa era su madre, Arcas trató de matarla. Entonces, Zeus transformó a Arcas en un oso y los puso a los dos en el cielo.

Los antiguos griegos pensaban también que otra de las constelaciones se parecía a la bella princesa de una historia. La madre de Andrómeda se vanagloriaba de que su hija era más hermosa que las hijas del dios del mar. El dios se enfureció tanto que envió un monstruo marino gigante para que devorara a todos los habitantes del reino. Cuando el monstruo se estaba por comer a la pobre Andrómeda, pasó Perseo volando en su caballo alado, mató al monstruo y salvó a la princesa.

Trata de encontrar esos grupos de estrellas. Busca otras constelaciones y lee sus historias.